ESQUELETOS ESQUISITOS

Embaixo da sua pele, existe um esqueleto: uma estrutura de quase trezentos ossos que sustenta seu corpo e mantém sua forma humana. Sem ele, seu corpo seria uma poça de órgãos moles e esponjosos dentro de uma bolsa de pele.

Seu esqueleto

Use os adesivos para preencher os espaços vazios neste esqueleto.

> O CRÂNIO MANTÉM SEU CÉREBRO SEGURO DE PANCADAS, SOLAVANCOS E ZUMBIS.

> SEM OSSOS, VOCÊ FICARIA PARECIDO COMIGO.

É nas articulações que dois ossos se encontram, como no cotovelo ou no quadril.

> A GENTE TE DÁ APOIO!

Sua caixa torácica protege as partes moles, como o coração e os pulmões.

O osso da sua coxa, o fêmur, é o maior osso do corpo.

Um quarto de todos os seus ossos está nos pés.

Estrutura do esqueleto

TENTE ISTO

Fique de pé com as pernas retas. Fácil, né? Seu peso está sendo sustentado pelos ossos das suas pernas, que são bem fortes. Agora, dobre os joelhos e continue em pé. Seus músculos começaram a doer? Essa posição é mais difícil, porque seus músculos estão sustentando uma porção maior do seu peso, e eles se cansam bem rápido.

MIAU!

Ossos horríveis

Os ossos precisam ser leves, fortes e um pouco flexíveis para não quebrar. O cálcio, que você obtém ao beber leite e comer queijo e nozes, os fortalece. Seus ossos também contêm uma substância chamada colágeno, que os torna elásticos.

OS OSSOS ESPONJOSOS TÊM MUITOS BURAQUINHOS, COMO QUEIJO SUÍÇO, PARA NÃO FICAREM MUITO PESADOS.

A MEDULA ÓSSEA, UMA SUBSTÂNCIA ESPONJOSA, É A FÁBRICA ONDE AS CÉLULAS DO SEU SANGUE SÃO PRODUZIDAS.

OSSO ESPONJOSO

A CARTILAGEM É UMA ALMOFADA QUE PROTEGE AS EXTREMIDADES DOS SEUS OSSOS PARA EVITAR O DESGASTE.

UMA CAMADA DURA DE OSSO FORMA UMA CASCA RESISTENTE AO REDOR DAS PARTES MAIS MOLES QUE FICAM NO MEIO.

SQUIC!

Ossos flexíveis

TENTE ISTO

Da próxima vez que comprar um frango cru, peça a um adulto para limpar um osso da coxa do frango. Coloque o osso em um recipiente cheio de vinagre. Feche bem a tampa e deixe por três dias. Depois, retire o osso e tente dobrá-lo. O vinagre possivelmente dissolveu o cálcio do osso, deixando para trás o colágeno flexível.

 **CUIDADO!**
Lave bem as mãos após tocar na carne crua e nos ossos!

CRACK!

Ossos quebradiços

TENTE ISTO

Peça a um adulto para limpar outro osso de frango cru. Peça para assá-lo em uma assadeira a 120°C por três horas. Quando esfriar, tente dobrá-lo com cuidado. O calor deve ter quebrado o colágeno, tornando o osso quebradiço e fácil de partir.

ESQUELETO FRANKENSTEIN

Agora construa seu próprio esqueleto assustador usando as peças destacáveis no final do livro.

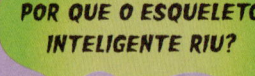

POR QUE O ESQUELETO INTELIGENTE RIU?

PORQUE FALARAM QUE ELE ERA UM CRÂNIO.

1 Destaque a parte do crânio. Dobre as laterais para trás e coloque a aba na fenda. Dobre as abas na parte de cima do crânio.

2 Destaque a parte superior do crânio e insira as abas nas fendas dos dois lados do crânio, para se encaixarem perfeitamente sobre as abas dobradas.

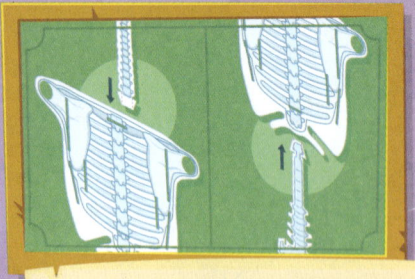

3 Destaque o tronco e as duas partes da coluna. Deslize a parte superior da coluna na fenda do topo do tronco. Insira a parte inferior da coluna na fenda da base do tronco.

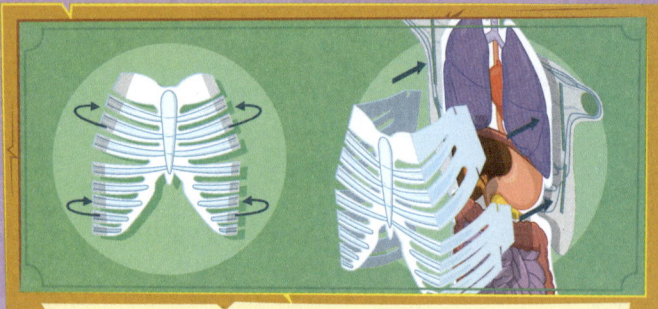

4 Destaque a caixa torácica e os órgãos internos, dobrando ao longo das linhas de dobra. Insira as abas dos lados dos órgãos internos nas fendas *a* e *b*, no tronco. Em seguida, insira as abas na caixa torácica, nas fendas *c*, *d*, *e* e *f*, no tronco.

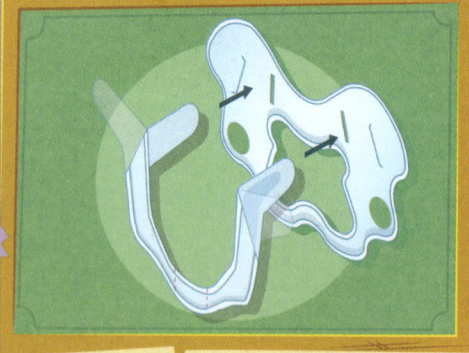

5 Encaixe a parte frontal do quadril na parte traseira do quadril. Em seguida, insira as abas na parte inferior da coluna, nas fendas *a* e *b* da parte traseira do quadril.

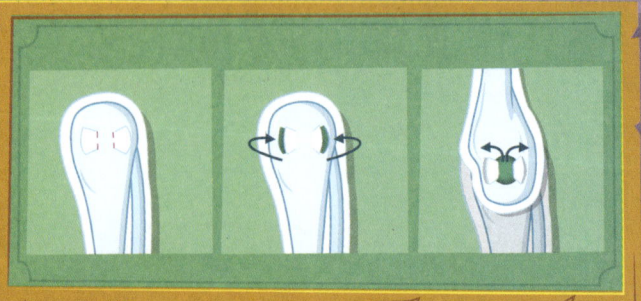

6 Una as diferentes peças para formar os braços e pernas dobrando as abas pequenas para cima e inserindo-as na fenda circular da peça de conexão. Em seguida, abaixe as abas para prender as articulações.

SQUIIIC!

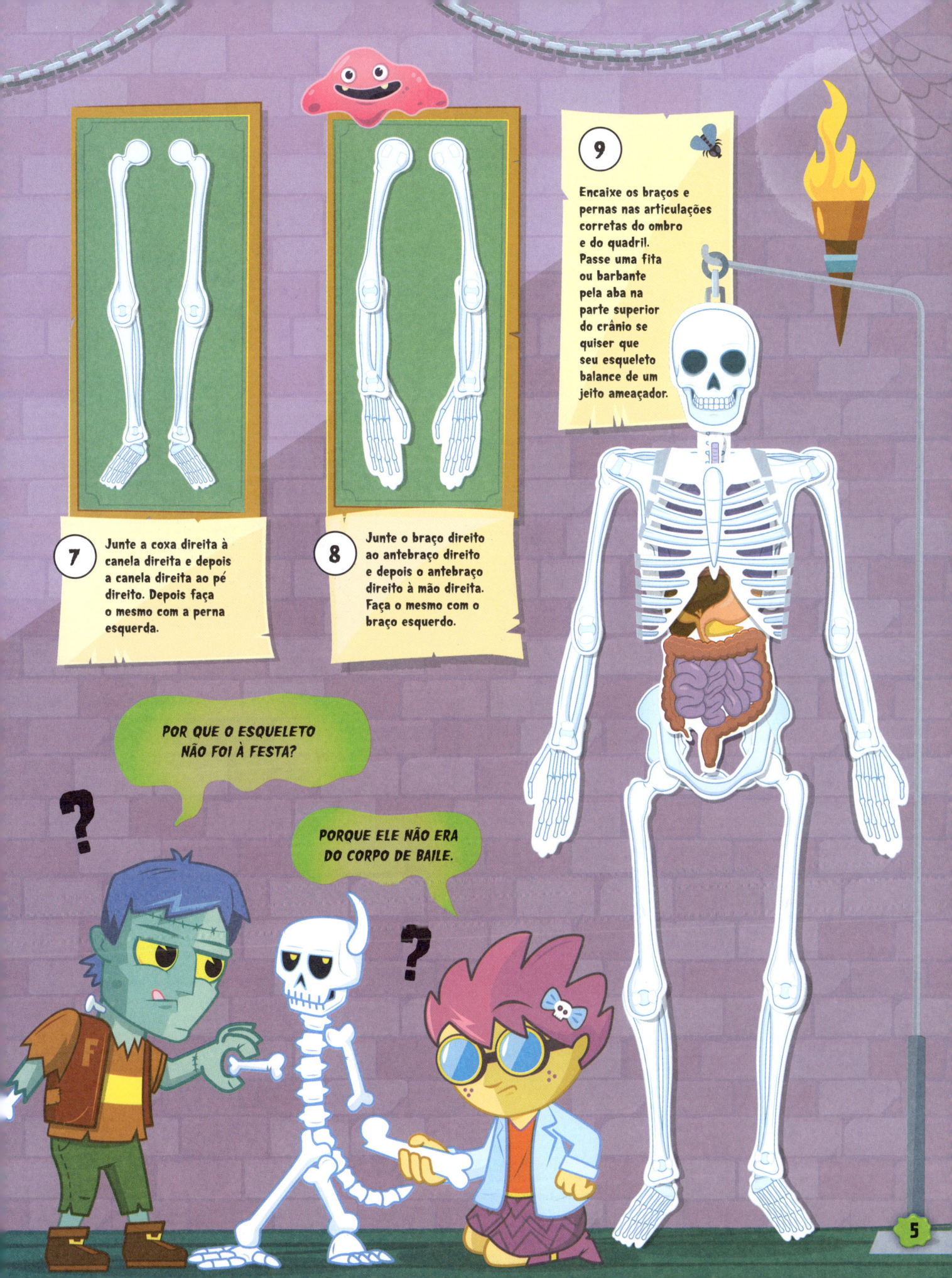

MONSTROS MUSCULARES

Você tem mais de seiscentos músculos no seu corpo. Muitos deles são usados para mexer seu esqueleto. Faça alguns desses experimentos para investigar como os músculos funcionam. Em seguida, vire a página de cabeça para baixo para descobrir a ciência que existe por trás dos seus resultados.

Medida muscular

Será que ter músculos maiores significa ter mais força? Para este experimento, você vai precisar de voluntários. Peça a cada voluntário para segurar um peso (uma lata de milho funciona bem), dobrando o braço na altura do cotovelo. Meça ao redor do bíceps, na parte de cima do braço, e anote a medida na tabela abaixo. Em seguida, peça para levantarem o braço que segura o peso na altura do cotovelo. Repita até o voluntário não conseguir mais. Conte quantas vezes cada voluntário conseguiu levantar a lata e escreva o resultado na tabela.

NOME DO VOLUNTÁRIO	MEDIDA DO BÍCEPS (CM)	NÚMERO DE LEVANTAMENTOS

Braços flutuantes

Posicione-se dentro do vão de uma porta e levante os braços nas laterais do corpo, de forma a pressionar os batentes da porta. Empurre o mais forte que conseguir por um minuto. Depois, afaste-se da porta e relaxe os braços. Anote o que percebeu.

....

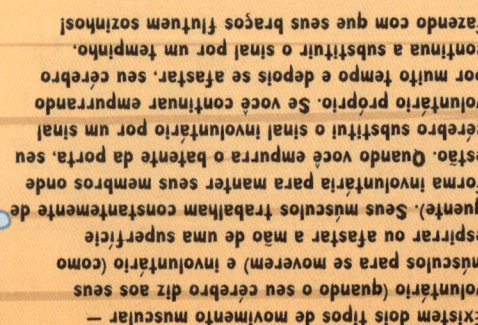

Existem dois tipos de movimento muscular — voluntário (quando o seu cérebro diz aos seus músculos para se moverem) e involuntário (como espirrar ou afastar a mão de uma superfície quente). Seus músculos trabalham constantemente de forma involuntária para manter seus membros onde estão. Quando você empurra o batente da porta, seu cérebro substitui o sinal involuntário por um sinal voluntário próprio. Se você continuar empurrando por muito tempo e depois se afastar, seu cérebro continua a substituir o sinal por um tempinho, fazendo com que seus braços flutuem sozinhos!

Ter músculos maiores significa que você é mais forte? A resposta é: muitas vezes sim, mas depende. Algumas pessoas podem ter as fibras que formam o músculo mais densas e fortes do que outras pessoas. Seu cérebro também faz diferença — quanto mais você se exercita, mais seu cérebro aprende a fazer com que todas as suas células musculares funcionem ao mesmo tempo, o que significa que você ganha mais força a cada levantamento.

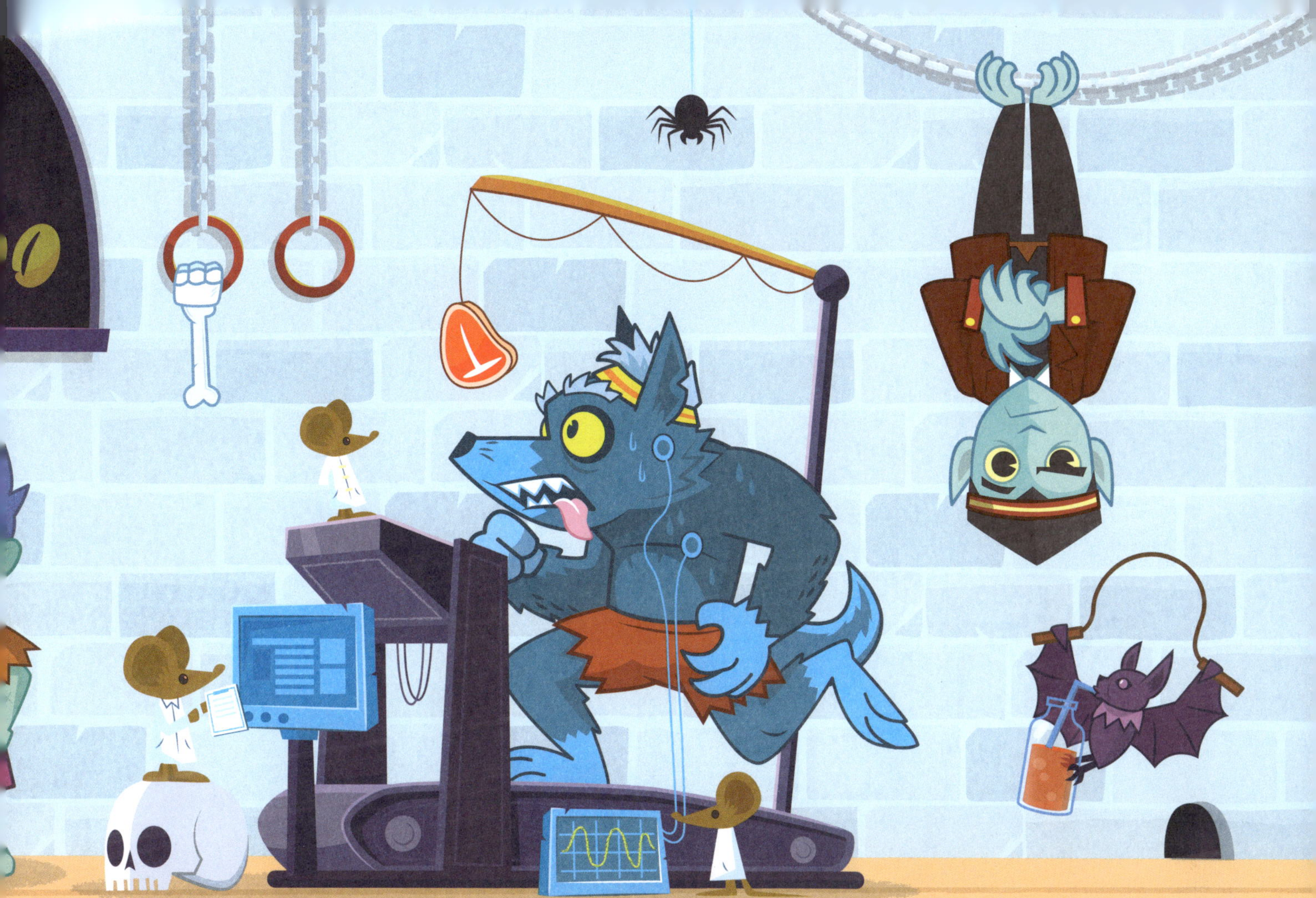

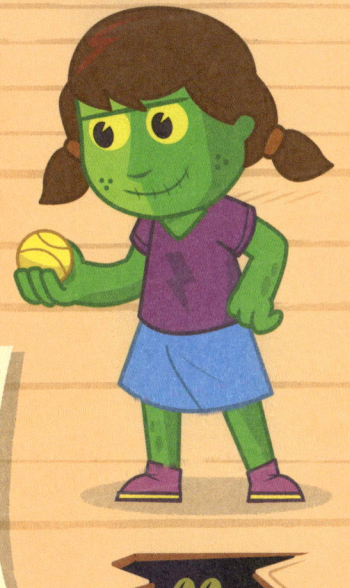

Terror no tênis

O que você acha mais fácil: seus músculos se contraírem uma vez, por um longo tempo, ou por várias vezes de curta duração? Teste com uma bola de tênis e um cronômetro. Aperte a bola de tênis o mais forte que puder até não conseguir mais segurá-la. Anote quantos segundos você a segurou. Faça isso com as duas mãos, depois descanse. Em seguida, cronometre de novo, mas, desta vez, aperte a bola de tênis o mais forte possível uma vez a cada segundo, até não conseguir mais. Escreva seus resultados na tabela.

mão esquerda: aperto longo	
mão direita: aperto longo	
mão esquerda: apertos curtos	
mão direita: apertos curtos	

Batida repetida

Encontre o seu pulso colocando dois dedos (não o polegar) logo abaixo do maxilar, ao lado da traqueia, e pressione de leve. Você deve sentir uma batida constante sob seus dedos. Use um cronômetro para marcar um minuto e conte o número de batidas. Escreva o número na tabela abaixo.

Em seguida, cronometre dois minutos e faça o máximo de polichinelos que conseguir. No final dos dois minutos, meça seu pulso novamente por mais um minuto e escreva o número na segunda linha da tabela. O que você percebeu?

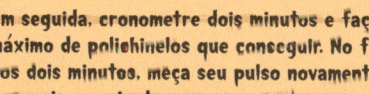

Antes	
Depois	

Você deve perceber que sua mão se cansa mais rápido com o aperto longo. Quando você aperta a mão, seus músculos pressionam os vasos sanguíneos, tornando mais difícil para o seu sangue transportar oxigênio fresco, que é necessário para o funcionamento dos músculos. Com os apertos curtos, na verdade, seus músculos ajudam a impulsionar o sangue. Mas, tanto com os apertos longos quanto com os curtos, vai chegar uma hora que seus músculos vão se cansar. O único músculo que não se cansa é o do seu coração, que nunca para de contrair e relaxar.

Seu coração bate para bombear sangue pelo corpo. Seu sangue contém oxigênio, um gás de que seus músculos precisam para funcionar. Quanto mais você faz seus músculos trabalharem, de mais oxigênio eles precisam, então seu coração precisa bater mais rápido para garantir que tenham oxigênio suficiente.

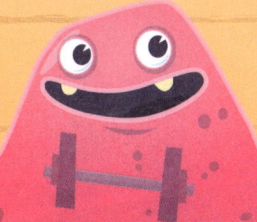

MÃO AMEAÇADORA

Seus músculos são unidos aos seus ossos por fibras elásticas chamadas tendões. Quando seu músculo contrai (se espreme), ele puxa o tendão, que por sua vez puxa o osso. Use sua folha de destacar e construa esta assustadora mão articulada, que inclui tendões, perfeita para fazer um aceno ameaçador e atrair vítimas para sua toca.

Você vai precisar de:

- ☠ Sua folha destacável
- ☠ Cola
- ☠ É só isso!

1 Destaque os dedos um de cada vez. Com cuidado, dobre ao longo de todas as linhas de dobra. Cole as abas embaixo do lado oposto de cada parte, fazendo quatro minitubos para o comprimento de cada dedo. (Esta parte é meio complicadinha!)

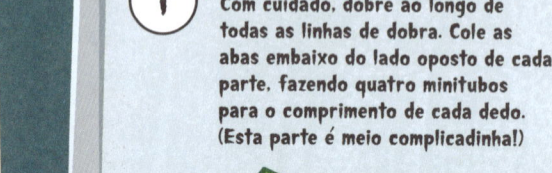

2 Pegue um dedo e passe um tendão por cada tubinho. Cole-o na ponta do tubo mais curto. Repita com todos os quatro dedos.

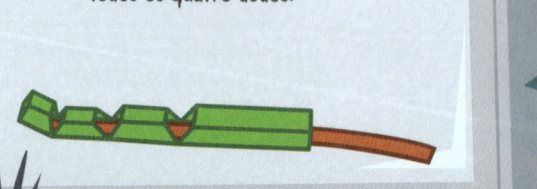

3 Coloque os dedos lado a lado e cole-os para formar a mão direita (se quiser fazer a mão esquerda, vire a peça da palma para baixo e cole o adesivo de palma – que você encontra na folha de adesivos – no lado branco).

4 Cole a peça da palma no lugar, cuidando para que fique bem firme colada aos quatro dedos.

5 Construa o polegar da mesma maneira que construiu os dedos, colando cada uma das seções do tubo. Passe o tendão pelo polegar, colando-o na ponta do tubo mais curto.

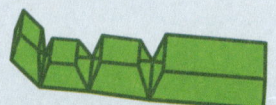

ALMOÇO ASSUSTADOR

Os alimentos contêm substâncias de que seu corpo precisa para continuar funcionando, como proteínas da carne e das leguminosas, carboidratos de alimentos ricos em amido, como pão e arroz, e vitaminas dos vegetais. Seu sistema digestório desagradável quebra pedaços grandes de alimentos em pedaços pequenos para que seu corpo possa aproveitá-los.

Alimento do lobo

O Lobisomem está se alimentando de uma gororoba. Use os adesivos para montar o sistema digestório dele. Caso contrário, a comida vai passar direto. Oh, não!

OS DENTES trituram, cortam e moem os alimentos para que você possa engolir.

BOM APETITE!

A SALIVA (ou cuspe) se mistura com a sua comida, deixando-a molhada. Também contém substâncias químicas que começam a digerir alimentos ricos em amido.

O ESTÔMAGO é uma bolsa de sucos ácidos. Os músculos nas paredes do estômago apertam e agitam a comida para misturá-la em algo que parece uma sopa.

A VESÍCULA BILIAR esguicha um líquido chamado bile, que quebra grandes pedaços de gordura em pedaços menores, tornando-os mais fáceis para o seu corpo absorver.

O ESÔFAGO é um tubo longo que vai da sua boca até o estômago, revestido com músculos ondulantes que empurram o alimento para baixo.

O PÂNCREAS é uma fábrica de várias substâncias químicas. Algumas ajudam a digerir proteínas e alimentos ricos em amido para que seu corpo possa absorvê-los.

O INTESTINO DELGADO é um tubo longo que capta as partes úteis da mistura de alimentos e as despeja no sangue, que carrega esses nutrientes pelo corpo para onde são necessários.

O INTESTINO GROSSO retira toda a água dos restos de comida. Quando essa gosma chega ao final do intestino grosso (o RETO), está pronta para ser evacuada.

Demonstração de digestão

Esta demonstração nauseante mostra o que acontece com os alimentos enquanto passam pelo seu sistema digestório. É uma meleca e, de verdade, é nojento. Talvez você prefira fazer uma atividade mais agradável e limpa, como uma guirlanda de flores ou cantar uma música legal? Não? Bem, não diga que eu não avisei...

Você vai precisar de:
- 50 mL de suco de abacaxi
- Banana e biscoitos
- Saco plástico ziplock
- 3 copos de papel
- Meias-calças velhas (peça permissão primeiro!)
- Tigela grande
- Tesoura

1 Despeje o suco de abacaxi no saco plástico. Ele representa os sucos ácidos no seu estômago. Adicione a banana e os biscoitos: eles representam os alimentos que você engole. Adicione algumas colheres de sopa de água para representar a sua saliva.

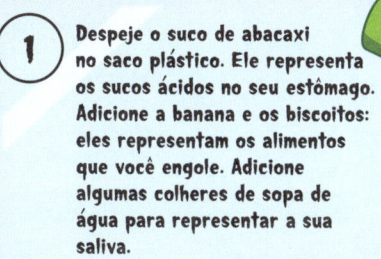

2 Amasse e agite o saco plástico até que tudo esteja misturado em uma pasta horrível e melequenta. No seu corpo, esse processo de agitação pode levar até cinco horas, mas, neste experimento, alguns minutos devem ser suficientes.

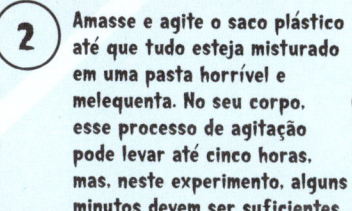

3 Corte a base de um copo de papel. Corte uma perna da meia-calça, depois estique a extremidade cortada da meia sobre o copo, de modo que forme um funil. Segure a meia sobre uma tigela grande, então faça um buraco no saco plástico e despeje o conteúdo do estômago na meia.

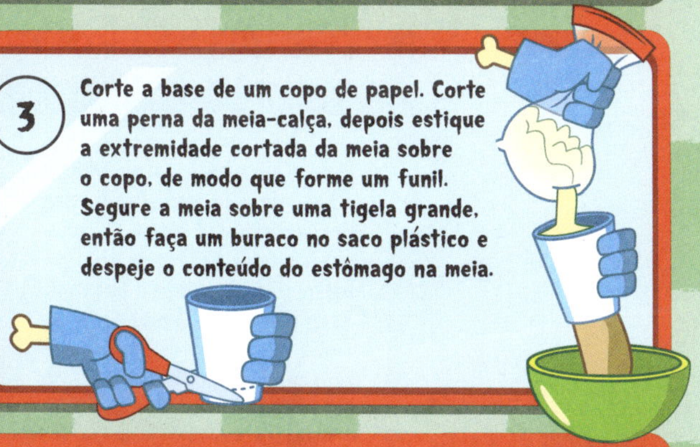

4 Aperte a meia com força para retirar o líquido. Os músculos nas paredes dos seus intestinos apertam a gosma alimentar para retirar a água e outras substâncias boas, para que elas possam entrar no resto do seu corpo (a tigela grande). No seu corpo, isso pode levar quase dois dias!

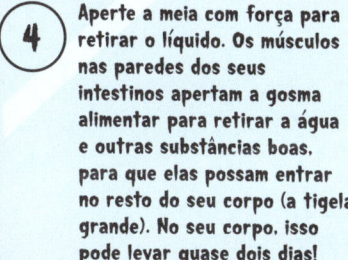

5 Quando você tiver o máximo possível de líquido da mistura de alimentos, faça um furo do tamanho de um polegar no fundo do segundo copo de papel para criar o seu reto. Despeje a mistura da meia no copo.

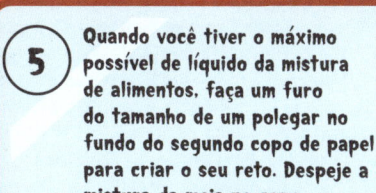

6 Para fazer cocô, empurre o último copo para dentro daquele que contém a gosma. Assista com repugnância ao material de resíduos ser espremido pelo fundo do copo de papel. Sério, sério mesmo... nojento

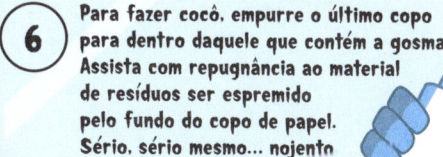

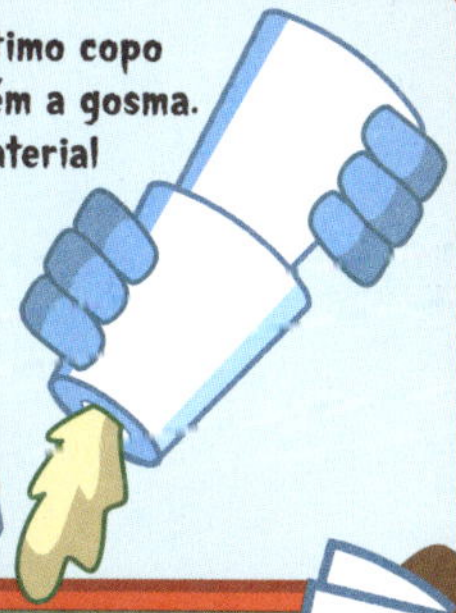

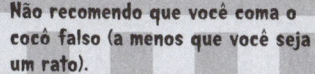

Não recomendo que você coma o cocô falso (a menos que você seja um rato).

PULMÃO PAVOROSO

Seu corpo asqueroso precisa de um gás que existe no ar, chamado oxigênio. Quando você inspira, seus pulmões, os sacos esponjosos no seu peito, inflam com ar. Seu sangue capta oxigênio desse ar e o transporta para onde é necessário, para que seu corpo possa usá-lo. Tenebroso.

Você vai precisar de:
- 3 balões
- Garrafa plástica
- 2 canudos
- Fita adesiva resistente
- Massa de modelar/massa adesiva

Bafo de garrafa

Dentro do seu peito, você tem uma camada de músculo embaixo dos pulmões chamada diafragma. Quando esse músculo se contrai, ele desce, o que faz aumentar o espaço dentro do seu peito. Então, o ar corre para dentro dos seus pulmões, que preenche esse espaço.

Construa um modelo do seu aparelho respiratório com balões para representar os pulmões, uma garrafa para o seu peito, canudos para a sua traqueia e um pedaço de borracha de balão para ser o seu diafragma.

1. Cole um balão na extremidade de cada canudo. Capriche nessa colagem para criar uma vedação hermética, sem obstruir completamente os canudos.

2. Dê um nó apertado no terceiro balão. Em seguida, use uma tesoura para cortar o balão ao meio.

3. Peça a um adulto para cortar a base de uma garrafa plástica. Em seguida, estique a extremidade amarrada do balão cortado sobre a base da garrafa e cole-a bem firme, para criar outra vedação hermética.

4. Pegue uma bolinha de massa de modelar e enfie um lápis nela. Passe o canudo pelo buraco, então aperte a massa de modelar ao redor dele para preencher os espaços, tendo cuidado para não fechar o canudo. Em seguida, pegue outra bolinha de massa e repita este passo com o outro canudo.

5. Empurre as duas bolinhas de massa de modelar uma na outra e, em seguida, passe os canudos para dentro do gargalo da garrafa. Use a massa de modelar para criar uma vedação no gargalo da garrafa. Puxe o nó para inflar seus pulmões.

COMO OS CIENTISTAS REFRESCAM O HÁLITO?

COMEM PASTILHAS EXPERIMENTAIS.

Meleca comestível

Meleca. Essa gosma pegajosa chamada muco reveste o interior do seu nariz e dos tubos respiratórios. Assim, pedaços de fiapos e germes grudam nele e ficam presos. Depois, você o cospe ou espirra o muco para fora. Mas, se você for um monstro terrível, você o tira do seu nariz e o come. Se não for um monstro, talvez você ache esta meleca de nariz comestível muito mais deliciosa.

Você vai precisar de:
- 100 mL de água fervente
- 3 pacotes de gelatina de limão
- 50 mL de xarope de milho ou de frutose
- Granulado colorido
- Bandeja de metal

1 Despeje o pó de gelatina em uma tigela grande. Peça a um adulto para medir a água fervente e adicioná-la ao pó de gelatina.

2 Misture o pó de gelatina na água (peça a ajuda de um adulto até a gelatina esfriar um pouco).

3 Adicione o xarope à gelatina. (Se você não tiver xarope de milho, xarope de bordo também funciona, mas vai dar uma tonalidade amarelada ao seu muco). Misture bem. Depois, espere até que a gosma esteja fria o suficiente para manusear.

4 Polvilhe o granulado colorido sobre a bandeja metálica. Estes são os germes tentando entrar nos seus pulmões.

5 Use uma colher (ou as mãos) para pegar a gelatina e tente usá-la para pegar os confeitos.

MONSTRO TROMBETA

Na sua garganta, você tem duas abas musculares finas chamadas cordas vocais. Sua voz funciona quando o ar dos seus pulmões é empurrado por um espaço muito estreito entre essas cordas vocais, fazendo-as vibrar sonoramente. Sua boca e sua língua podem moldar esse som em palavras, risos ou um grito de terror inimaginável, dependendo da situação. A voz deste monstro funciona de maneira muito semelhante à sua, com foles para empurrar o ar e uma passagem estreita para esse ar passar.

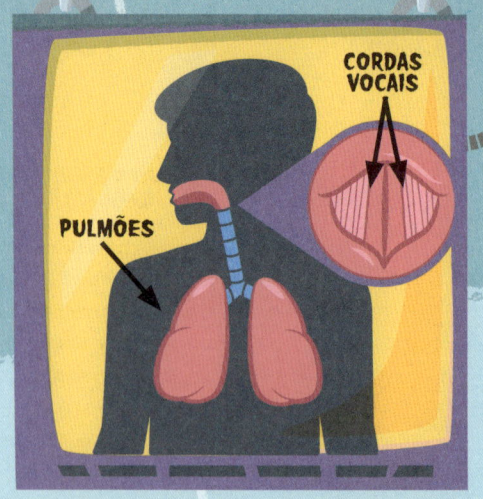

1 Destaque o fole do seu monstro. Faça vincos ao longo de todas as linhas pontilhadas para facilitar a dobra.

2 Enrole o fole em forma de tubo e cole a aba. Tente alinhar as linhas o melhor possível. Pode ser mais fácil fazer isso ao redor de um rolo de macarrão.

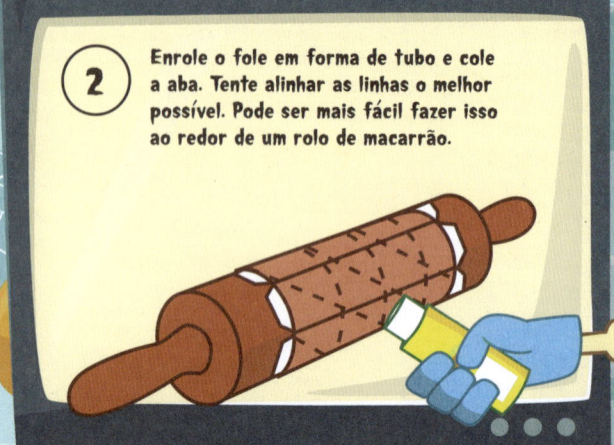

3 Começando por uma ponta, dobre ao longo das linhas de dobra do fole para criar um formato de acordeão. Faça isso dando a volta no fole.

4 Dobre e cole a peça do pescoço, deixando as abas no final livres. Em seguida, dobre e cole a mandíbula inferior.

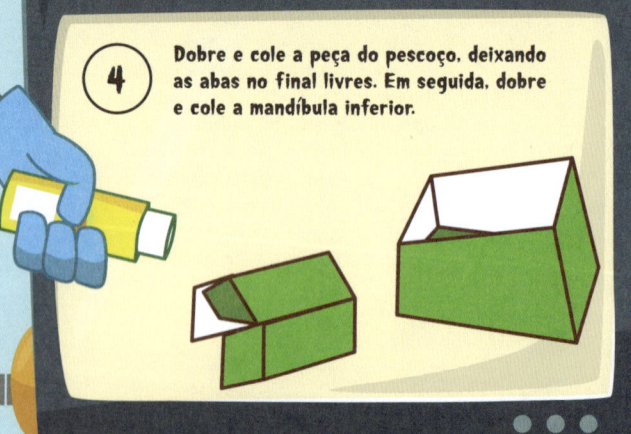

5 Encaixe a peça do pescoço na mandíbula inferior. Dobre as abas no topo da peça do pescoço dentro da mandíbula inferior. Use cola ou fita adesiva para fixar as abas.

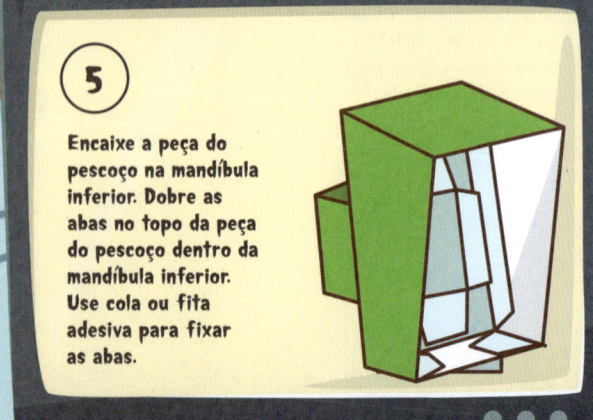

6 Dobre e cole a caixa da cabeça. Cole as orelhas de cada lado e adicione os adesivos dos olhos na frente da caixa da cabeça.

ÓRGÃOS SANGRENTOS

O horrível coração tem o trabalho assustador de bombear sangue por todo o corpo, mas não é o único órgão no sistema circulatório. Ao construir um monstro, é essencial garantir que o sangue dele visite todos os órgãos no seu sistema circulatório. O sangue também precisa transportar oxigênio e substâncias químicas para cada célula do corpo do monstro. Caso contrário, seu monstro morto-vivo vai se tornar um monstro morto rapidinho.

COMO VOCÊ RECONHECE O MONSTRO MAIS POPULAR NO DIA DOS NAMORADOS?

PROCURE PELO QUE ROUBOU MAIS CORAÇÕES.

Coração

Esta bomba tem duas partes. Um lado envia sangue para os pulmões do monstro, para capturar oxigênio. O outro lado, mais forte, lança esse sangue rico em oxigênio por todo o corpo aterrorizante do monstro.

Labirinto de sangue

Comece na seta azul e siga o labirinto ao redor do corpo, adicionando os adesivos de órgãos ao corpo do monstro conforme você vai em direção à área certa.

Cérebro

O cérebro consome mais oxigênio do que qualquer outra parte do corpo, então precisa de um suprimento constante de sangue rico em oxigênio.

Pulmões

Aqui é onde o sangue do monstro captura oxigênio do ar que ele respira. Todas as células do seu corpo precisam de um suprimento constante de oxigênio para se manterem vivas.

CÉÉÉÉÉREBROS

Além de ser um lanchinho delicioso e nutritivo para zumbis, seu cérebro é o centro de controle para tudo o que você faz. Ele que cuida de todo o seu processo de pensar, sentir e armazenar memórias. É um órgão bem inteligente.

Atividade cerebral

Diferentes partes, ou lobos, do seu cérebro são responsáveis por atividades diversas. Todas as partes trabalham o tempo todo, mas, dependendo do que você estiver fazendo, uma parte pode trabalhar mais do que as outras. Use o código de cores para colorir o cérebro do zumbi e descobrir qual parte do cérebro dele está sendo mais usada.

Partes do cérebro (guia de degustação para zumbis)

RESOLUÇÃO DE PROBLEMAS
É aqui que acontece o pensamento. Tem gosto de lição de casa com um toque de matemática.

FALA E LINGUAGEM
Falar, conversar e fofocar dão a esta parte do cérebro um sabor bem palavroso.

VISÃO
Esta área é dedicada a fornecer uma imagem do mundo em movimento. Uma parte pequena mas bem suculenta do cérebro.

PROCESSAMENTO EMOCIONAL
Felicidade, tristeza, raiva e amor são todos gerenciados aqui. Bem enjoativo, recomenda-se guardar para a sobremesa.

EQUILÍBRIO E COORDENAÇÃO
Uma porção bem carnuda do cérebro, já que é usada constantemente para evitar que o corpo caia.

TIA VERA

Quiz da memória

Seu cérebro está constantemente criando novas memórias. Teste as habilidades de memória do seu cérebro. Passe trinta segundos olhando para a imagem desta página. Em seguida, cubra a imagem e responda às perguntas abaixo.

1. De que cor é o gato?

....

2. Que horas marca o relógio na parede?

....

3. Quantas aranhas estão rastejando pela sala?

3   **7**   **11**

4. Quem vive na jarra acima da lareira?

Bruno   Tia Vera   Tio Jorge

5. Com quantos ossos o zumbi azul está fazendo malabarismo?

....

QUANDO GATOS PRETOS DÃO AZAR?

QUANDO VOCÊ É UM RATO.

SENTIDOS ESTRANHOS

Seus sentidos informam o cérebro sobre o mundo que existe fora do seu corpo. Você tem cinco sentidos principais: visão, olfato, paladar, audição e tato. Investigue-os com alguns experimentos esquisitos.

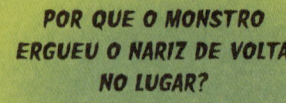
POR QUE O MONSTRO ERGUEU O NARIZ DE VOLTA NO LUGAR?

PORQUE ESTAVA ESCORRENDO.

Superpaladar

Você tem um superpaladar*? Descubra usando um cotonete para espalhar corante alimentício azul ou verde sobre a sua língua. Corte um buraco em um pedaço limpo de papel-manteiga com um perfurador de papel. Coloque o pedacinho com o furo na parte frontal da sua língua e, então, usando um espelho e uma lupa (ou peça ajuda a um amigo), conte o número de protuberâncias cor-de-rosa que você consegue ver. Em seguida, use a tabela abaixo para descobrir se você tem um superpaladar.

Número de papilas gustativas	Nível de paladar
1 – 10	Paladar levemente sensível
11 – 29	Paladar moderadamente sensível
30+	Superpaladar

* Apesar do nome, ter um superpaladar pode não ser tão "super". Cientistas afirmam que pessoas com um superpaladar acham os sabores amargos muito mais fortes, portanto são menos propensas a apreciar vegetais como brócolis e couve-de-bruxelas. Elas também consideram a pimenta muito mais ardida e as bebidas gaseificadas mais efervescentes.

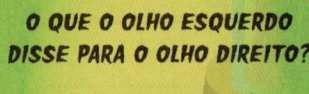
O QUE O OLHO ESQUERDO DISSE PARA O OLHO DIREITO?

ENTRE MIM E VOCÊ, ALGO CHEIRA MAL!

Olfato arrebatador

Seu nariz percebe cheiros, tanto os agradáveis quanto os nocivos. Ele também ajuda sua língua a decidir o que está saboreando. Parece estranho? Veja o quanto o olfato afeta o paladar provando diferentes sabores de jujubas.

Coloque uma venda nos olhos (nada de espiar!) e peça a um amigo para te dar dez jujubas diferentes. Cheire-as uma por uma e tente adivinhar o sabor delas. Peça para o amigo contar quantas você acerta. Em seguida, peça ao seu amigo para te dar mais dez jujubas. Desta vez, prove-as e tente adivinhar o sabor. Por fim, repita o teste com mais dez jujubas, mas desta vez tape o nariz enquanto sente o sabor. Quantos acertos você conseguiu desta vez?

	Número de acertos
Apenas cheiro	
Cheiro e sabor	
Apenas sabor	

Áudio alarmante

Por que o monstro assustador tinha dois ouvidos? Para que o cérebro possa identificar de onde vêm os sons. Achou que isso fosse o começo de uma piada? Teste essa habilidade pedindo a um amigo para configurar um alarme em um celular ou despertador e escondê-lo em algum lugar do ambiente. Veja se você consegue encontrar o alarme depressa ou se demora. Depois tente de novo, mas, desta vez, cobrindo um dos seus ouvidos.

TRIM! TRIM!

Teste do tato

Logo abaixo da sua pele, você tem bilhões de sensores que dizem se você está tocando em algo e se esse algo é duro, macio, quente, frio ou viscoso. Algumas partes do seu corpo, como as pontas dos dedos, têm mais desses sensores do que outras partes.

Teste quais partes do seu corpo são melhores em sentir o toque ao dobrar um clipe de papel e, em seguida, dobrá-lo ao meio em formato de U, com as pontas a cerca de 1 cm de distância. Coloque uma venda nos olhos e peça a um amigo para tocar de leve diferentes partes do seu corpo com ambas as pontas ou com apenas uma ponta do clipe de papel, mas sem dizer qual está usando. Em quais partes do seu corpo você consegue facilmente distinguir se é uma ou duas pontas? Preencha suas respostas na tabela abaixo.

	Fácil, médio ou difícil?
Ponta do dedo	
Palma da mão	
Dorso da mão	
Antebraço	
Braço	
Ombro	
Sola do pé	
Parte de trás da panturrilha	

COMO SE CHAMA O MONSTRO TELEFONE?

ORELHÃO.

Rufem os tambores

No fundo do seu ouvido, você tem uma membrana muito fina e elástica, como a pele de um tambor, chamada de tímpano. Os sons se propagam em ondas ou em vibrações no ar. Seu ouvido externo canaliza essas vibrações em direção ao seu tímpano. Isso faz o seu tímpano vibrar em padrões que seu cérebro entende como fala, música ou o uivo assustador dos zumbis.

Veja como funciona o seu tímpano cortando a parte superior de um balão e esticando-o firmemente sobre uma tigela. Fixe o balão com um elástico e espalhe alguns grãos de arroz em cima. Em seguida, grite o mais alto que puder para fazer o arroz dançar e pular em cima do balão.

Olho por olho...

Vire a página para algumas ilusões de óptica assustadoras.

VISÕES DO ALÉM

Seus sentidos enviam informações para o cérebro na forma de sinais elétricos que percorrem suas células nervosas. Seu cérebro então desembaralha esses sinais elétricos para entender a mensagem. Geralmente ele é muito bom nisso, mas às vezes não interpreta certinho. Tente estes experimentos. Você não vai acreditar nos seus olhos...

Estranhezas ópticas

As ilusões de óptica são imagens projetadas para enganar seu cérebro e fazer você ver coisas que não estão realmente ali. Experimente algumas você mesmo!

A Qual é a cor dos espaços nos cantos dos quadrados?

B O que você vê na moldura acima? Um vaso ou dois rostos?

C As linhas nesta imagem são retas ou curvas?

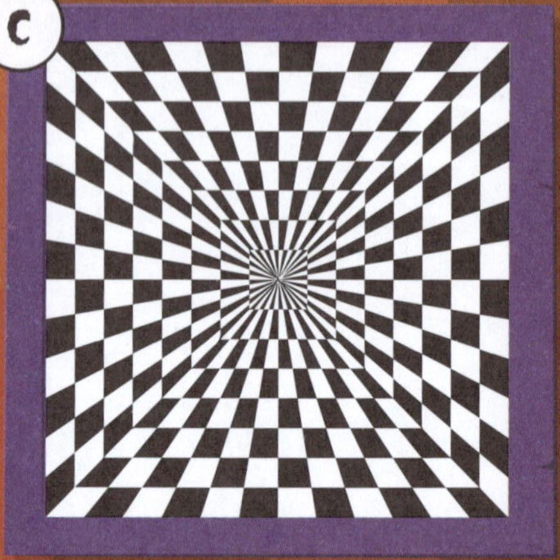

D Qual flor tem um centro maior?

Eu vi um zumbi

Quando seus olhos veem muitas imagens rapidamente, seu cérebro preenche as lacunas para criar um vídeo em movimento. Sem essa habilidade, os filmes pareceriam apenas uma série de fotos estáticas e o mundo ficaria preto toda vez que você piscasse. Em vez disso, seu cérebro inteligente desfruta de filmes de monstros em toda a sua glória colorida em movimento. Teste você mesmo com este zootropo – uma máquina de imagens em movimento à moda antiga.

Você vai precisar de:
- Suas folhas destacáveis
- Um CD ou DVD antigo
- Um tubo vazio de brilho labial

1. Cole as duas peças do zootropo para formar uma faixa longa. Tente alinhar as bordas o mais certinho possível.

2. Dobre a faixa longa para ela parar em pé como na figura. Destaque as abas finas e longas na parte superior da faixa dobrada.

3. Curve a faixa para formar um círculo, com as imagens zumbis viradas para a parte interna. Cole a aba dentro da dobra para esconder. Dica: prenda com um prendedor de roupa até a cola secar.

4. Coloque o círculo em cima de um CD antigo (peça permissão a um adulto primeiro). Use fita adesiva para fixar o CD na borda inferior do zootropo.

5. Lave o tubo de brilho labial vazio e deixe secar. Retire a tampa e coloque a parte superior do tubo no meio do CD. O CD deve ficar equilibrado em cima do tubo de brilho labial.

6. Gire o CD para fazer o zootropo girar. Olhe através das aberturas para ver o zumbi ganhar vida, cambaleando e se arrastando.

CORPOS EM CONSTRUÇÃO

Se você não tiver aí um estoque de partes do corpo disponíveis para criar um monstro, não se preocupe! Você ainda pode construir um monstro do zero, usando as pequenas células, que são os blocos de construção de todos os seres vivos (incluindo você). Você só vai precisar de alguns bilhões de células para começar.

Combinação celular

As células têm formatos diferentes dependendo das funções que desempenham. Faça linhas para conectar as células às suas descrições. Em seguida, adicione adesivos aos círculos para mostrar em que lugar no corpo você encontraria as células.

Células

A — Os glóbulos vermelhos do sangue do seu monstro estão cheios de uma substância química vermelho-viva chamada hemoglobina, que os ajuda a captar oxigênio. É a hemoglobina que deixa o sangue do seu monstro vermelho.

B — Os glóbulos brancos do seu monstro são células grandes que atacam os germes que entram no corpo.

C — Cada célula de gordura tem um grande aglomerado de gordura dentro dela. Essa gordura é útil para armazenar energia, manter seu monstro aquecido e dar a ele um traseiro macio para sentar.

D — As células que revestem os intestinos do seu monstro têm numerosos pelinhos chamados vilosidades, que ajudam seu monstro a absorver o máximo de coisas boas possível dos alimentos que ele ingere.

E — As células nervosas, que conduzem mensagens pelo corpo do seu monstro, têm muitas ramificações para que possam captar mensagens rapidamente, e são bem compridas para transportar as mensagens do corpo por longas distâncias.

F — As células musculares são fibras finas e longas, densamente agrupadas em feixes apertados. Quando muitas células musculares se agrupam, são fortes o suficiente para movimentar o corpo do seu monstro para lá e para cá.

DNA melequento

Quase todas as células do seu corpo contêm DNA, o mapa químico do seu corpo. Seu DNA é único, a menos que você tenha um irmão gêmeo idêntico ou um exército de clones. O primeiro passo para construir seu próprio exército pessoal de clones é extrair seu DNA, o que você pode fazer usando alguns itens domésticos comuns.

Você vai precisar de:
- 1 colher (de sopa) de sal
- 100 mL de água
- 50 mL de álcool 70[1]
- Corante alimentício
- Detergente líquido transparente
- Suco de abacaxi
- Palito de dente

[1] Peça a ajuda de um adulto.

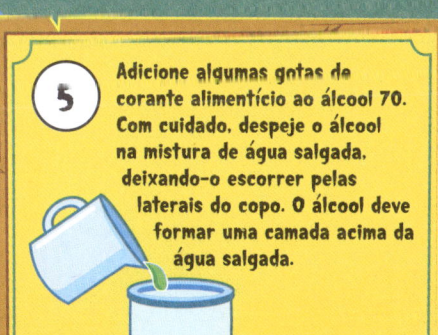

1. Misture o sal e a água até dissolver bem e não sobrar nada granulado no fundo do frasco.

2. Dê um gole na água salgada, MAS NÃO ENGULA. Em vez disso, faça um bochecho.

3. Depois de dois minutos, cuspa a água salgada de volta no copo. A água salgada vai ter captado muitas das células minúsculas que revestem o interior das suas bochechas.

4. Adicione algumas gotas de detergente e algumas gotas de suco de abacaxi. Mexa o frasco com cuidado para misturar suavemente o líquido. Tente não criar bolhas.

5. Adicione algumas gotas de corante alimentício ao álcool 70. Com cuidado, despeje o álcool na mistura de água salgada, deixando-o escorrer pelas laterais do copo. O álcool deve formar uma camada acima da água salgada.

6. Espere um minuto e, em seguida, mergulhe devagar o palito de dente no copo, de modo que a ponta esteja bem onde a água salgada e o álcool se encontram. Gire delicadamente o palito em uma direção e, em seguida, retire-o do copo. Você verá algumas substâncias esbranquiçadas e finas. Esses são milhões de fios do seu DNA todos agrupados juntos.

DEFESA DO CORPO

Todos os tipos diferentes de meleca e secreções que seu rosto produz são barreiras para impedir que os germes entrem no seu corpo. A cera de ouvido prende os germes antes que eles possam chegar ao seu tímpano delicado e ao canal auditivo. A secreção nasal pega os germes enquanto você os respira e permite que você os elimine tossindo ou espirrando. A saliva leva os germes na sua boca para dentro do estômago, onde o ácido gástrico forte geralmente os decompõe. As lágrimas eliminam os germes dos seus olhos. Mesmo assim, os germes não desistem tão facilmente. Jogue este jogo de tabuleiro com um amigo para simular a luta dos germes contra as barreiras melequentas do seu corpo.

Você vai precisar de:
- 2 dados
- Adesivos
- Moedas para fazer fichas

Orelha esquerda

Olho esquerdo

Olho direito

Orelha direita

Nariz

Boca

Como jogar

Crie fichas colando os adesivos nas moedas. Um jogador é o Corpo e pega todas as fichas de secreção nasal, saliva, lágrimas e cera de ouvido. Um jogador é os Germes e pega todas as fichas de germes. Os Germes começam escolhendo um "território" para tentar infectar: olho direito, olho esquerdo, ouvido direito, ouvido esquerdo, nariz ou boca. Cada jogador joga um dado.

Quem tirar o número mais alto coloca sua ficha no território, seja infectando-o (os Germes) ou protegendo-o (o Corpo). Os jogadores se revezam escolhendo um território para travar uma batalha. Para batalhar, o território não pode ter fichas de rodadas anteriores. Os jogadores podem usar seu turno para tentar remover as fichas do oponente dos territórios infectados/protegidos rolando o dado três vezes.

Para cada 6 que tirarem, removem uma das fichas do oponente. Os jogadores também podem usar seu turno para adicionar fichas extras aos territórios em que já têm fichas. Eles podem fazer isso jogando o dado três vezes, e para cada seis que tirarem, adicionam uma ficha naquele território, até um máximo de três fichas por território. Quem colocar uma ficha de três fichas em todos os territórios primeiro vence.

GUERRA DE GERMES

Se os germes conseguirem passar pela secreção nasal, pela cera de ouvido e por todas as outras barreiras que seu corpo possui, também não significa que eles venceram. Seu sangue está repleto de células cujo trabalho é lutar contra esses minimonstros.

Quem é quem?

Use os adesivos para completar os times de Defensores contra Germes.

Os defensores

Estas células, conhecidas como glóbulos brancos, têm diferentes funções para manter os invasores afastados.

Os invasores

Estes são os minimonstros que podem deixar você doente. Existem três tipos principais:

A

Neu Trófilo
Um neutrófilo destrói germes inimigos engolindo-os. Chomp, chomp, chomp.

B

Linfócito Bê
Um linfócito B ou célula B dispara anticorpos para ajudar outras células a reconhecerem as bactérias invasoras e células infectadas, e para imobilizar os vírus.

C

Linfócito Tê
Um linfócito T ou célula T patrulha o corpo em busca de células infectadas que ele possa matar, além de manter um registro das doenças que o sistema imunológico já encontrou antes, para que possa combatê-las mais depressa da próxima vez.

D

Mô Nócito
Um monócito é o coletor de lixo do corpo. Quando as outras células terminam seus trabalhos, o Mô limpa a bagunça.

E

Bactérias são organismos de uma única célula que se alimentam da mistura açucarada dentro do seu corpo. Muitas têm caudas desgrenhadas ou pequenos pelos ondulantes para permitir que nadem dentro do seu corpo. Algumas bactérias são amigáveis e ajudam na digestão dos alimentos. Outras podem deixar você doente.

F

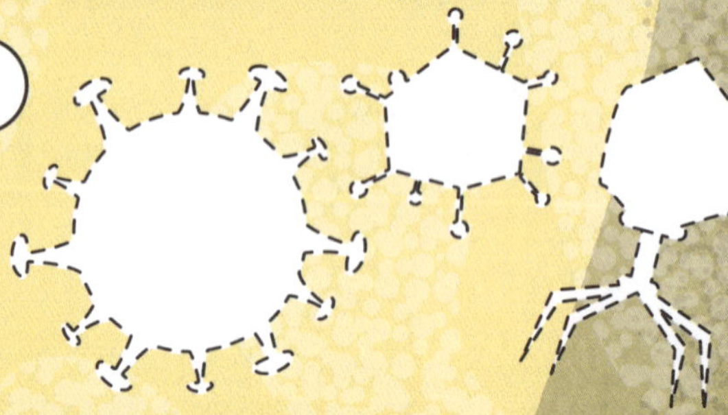

Vírus tentam invadir suas células e transformá-las em fábricas para produzir mais vírus. Muitos vírus, como os do resfriado e da gripe, são envoltos por uma capa cheia de pontas. Essas pontas ajudam os vírus a se ligar às suas células, mas também oferecem uma maneira fácil para seus glóbulos brancos os reconhecerem.

G

Parasitas
Os parasitas são seres vivos que se agarram a outros seres vivos, se alimentando deles como pequenos vampiros. Piolhos, vermes e ácaros são exemplos de parasitas.

Canhão de anticorpos

Seja como um linfócito B! Dispare anticorpos para derrubar os germes invasores com este canhão destruidor de bactérias. Quantas você consegue derrubar de uma só vez?

Você vai precisar de:
- Suas folhas destacáveis
- Um rolo de papel higiênico vazio
- 2 balões
- Clipes de papel
- 1 bolinha de tênis de mesa
- Fita adesiva

1 Construa seu linfócito B usando as folhas destacáveis, colando as abas nos lados correspondentes.

2 Dê um nó em um balão e corte-o ao meio. Você pode descartar a metade de cima ou usá-la para o modelo de ouvido na página 14.

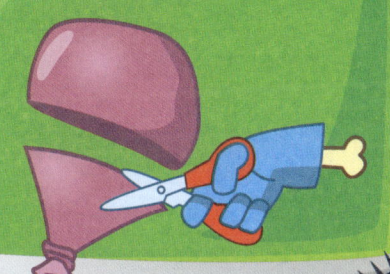

3 Use fita adesiva para prender o balão ao rolo de papel higiênico vazio. Tente fazer uma vedação o mais forte que conseguir, para o ar não passar.

4 Encaixe o rolo de papel higiênico no linfócito B, de modo que fique para fora em uma extremidade. Fixe com fita adesiva.

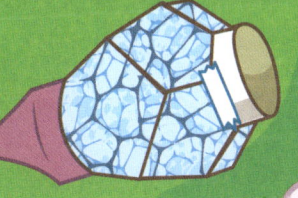

5 O rolo de papel higiênico deve ter a largura correta para caber a bolinha de tênis de mesa. Coloque a bola dentro do tubo.

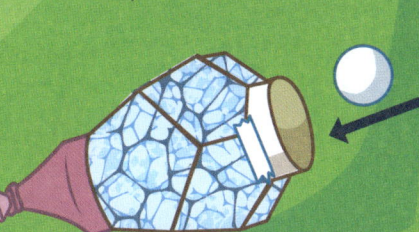

6 Destaque os invasores do corpo e encaixe-os nas respectivas bases para que fiquem em pé. Puxe a ponta do nó do balão para trás e, em seguida, solte-o rápido para lançar a bola de tênis de mesa nos invasores.

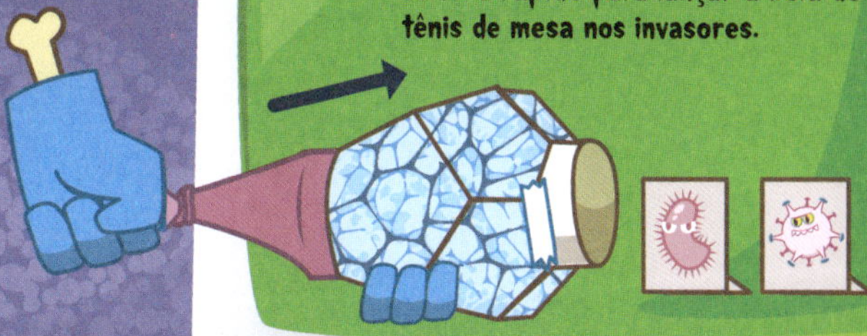

HISTÓRIA DA MEDICINA

Felizmente, quando as defesas do seu corpo não conseguem combater uma infecção, a medicina moderna está aí para ajudar. No entanto, levou milhares de anos para chegarmos a esse ponto.

NÃO tente fazer isso em casa!

Cura ou mata

Ao longo da história, as pessoas tiveram ideias estranhas sobre como curar doenças. Algumas dessas ideias foram testadas e desenvolvidas por médicos até se transformarem em curas que usamos hoje. Outras, felizmente, foram deixadas no passado. Todas essas curas foram usadas pelas pessoas ao longo da história. Cole um adesivo de rato de laboratório às curas que ainda são usadas, de alguma forma, por médicos reais hoje em dia. Cole uma caveira às que foram deixadas no passado, onde é o lugar delas.

A Colocar larvas em um ferimento foi uma cura de campo em várias guerras ao longo da história.

B Pessoas tentaram muitas curas para a peste bubônica. Uma das mais estranhas era amarrar uma galinha nas feridas que se formavam embaixo das axilas do doente.

C Na virada do século XIX, as pessoas costumavam engolir pequenas quantidades de dinamite para tratar dores no peito.

D Uma cura medieval para queimaduras era colocar caramujos para rastejar sobre a ferida.

E Se um anglo-saxão tivesse dor nos olhos, ele poderia tentar amarrar um caranguejo vivo em volta do pescoço.

Cura ou mata?

30

RESPOSTAS

Páginas 2 – 3: Esqueletos esquisitos

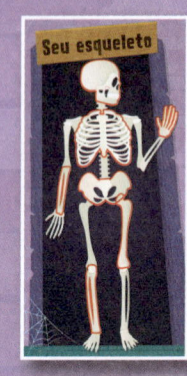

Páginas 10 – 11: Almoço assustador

Páginas 16 – 17: Órgãos sangrentos

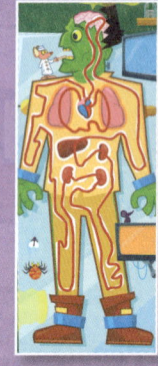

Páginas 18 – 19: CÉÉÉÉREBROS

Quiz da memória:
1. O gato é cinza/preto.
2. O relógio marca oito horas.
3. Há sete aranhas se movendo.
4. Tia Vera.
5. O zumbi azul está fazendo malabarismo com cinco ossos.

Páginas 22-23: Visões do além

A. Os espaços nos cantos dos quadrados são brancos (não cinza, como podem parecer!).
B. As pessoas podem ver apenas os rostos, apenas o vaso ou ambos.
C. As linhas são todas retas. Você pode usar uma régua para conferir.
D. Os círculos no meio das duas flores são do mesmo tamanho.

Páginas 24-25: Corpos em construção

A – 5   B – 4   C – 3   D – 2   E – 1   F – 6

Páginas 28-29: Guerra de germes

Páginas 30-31: História da medicina

A. Cura. Especialmente desinfetadas, as larvas comem a carne infectada e deixam a carne saudável intacta. Elas também liberam um líquido antibacteriano, que ajuda a limpar a ferida.
B. Mata.
C. Cura. A nitroglicerina, o componente explosivo da dinamite, é usada para tratar ataques cardíacos.
D. Cura. A secreção dos caramujos pode ser limpa em laboratório e usada como uma pomada calmante para ajudar na cicatrização de queimaduras.
E. Mata.
F. Cura (muito raramente). Em circunstâncias extremas, como uma lesão cerebral grave ou um derrame, uma parte do crânio pode ser removida para aliviar a pressão no cérebro.
G. Cura. O mel é antisséptico e pode acelerar a cicatrização em feridas pequenas.
H. Mata. Você ainda terá dor de cabeça, mas agora também terá um camaleão zangado.
I. Cura. A casca de salgueiro contém um composto chamado ácido salicílico, que foi usado para desenvolver o ácido acetilsalicílico, o componente ativo da aspirina.
J. Mata. E é bem nojento.

Seu esqueleto Páginas 2 - 3

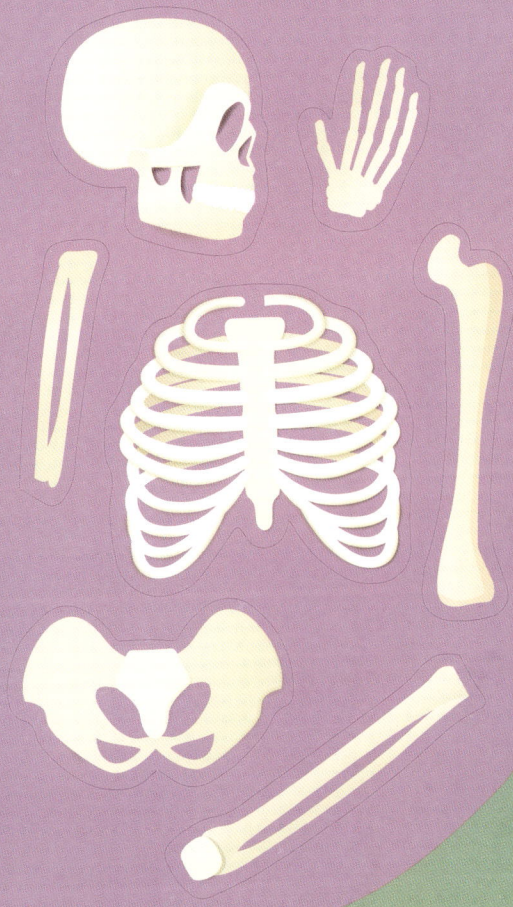

Alimento do lobo
Páginas 10 - 11

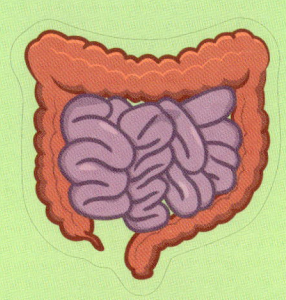
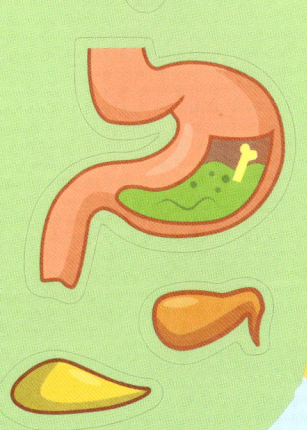

Labirinto de sangue
Páginas 16 - 17

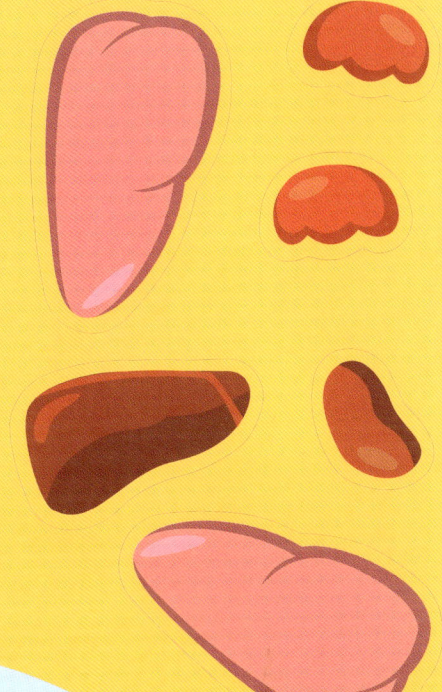

Combinação celular
Páginas 24 - 25

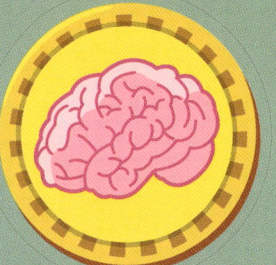

Quem é quem? Páginas 28 - 29

ESQUELETO FRANKENSTEIN

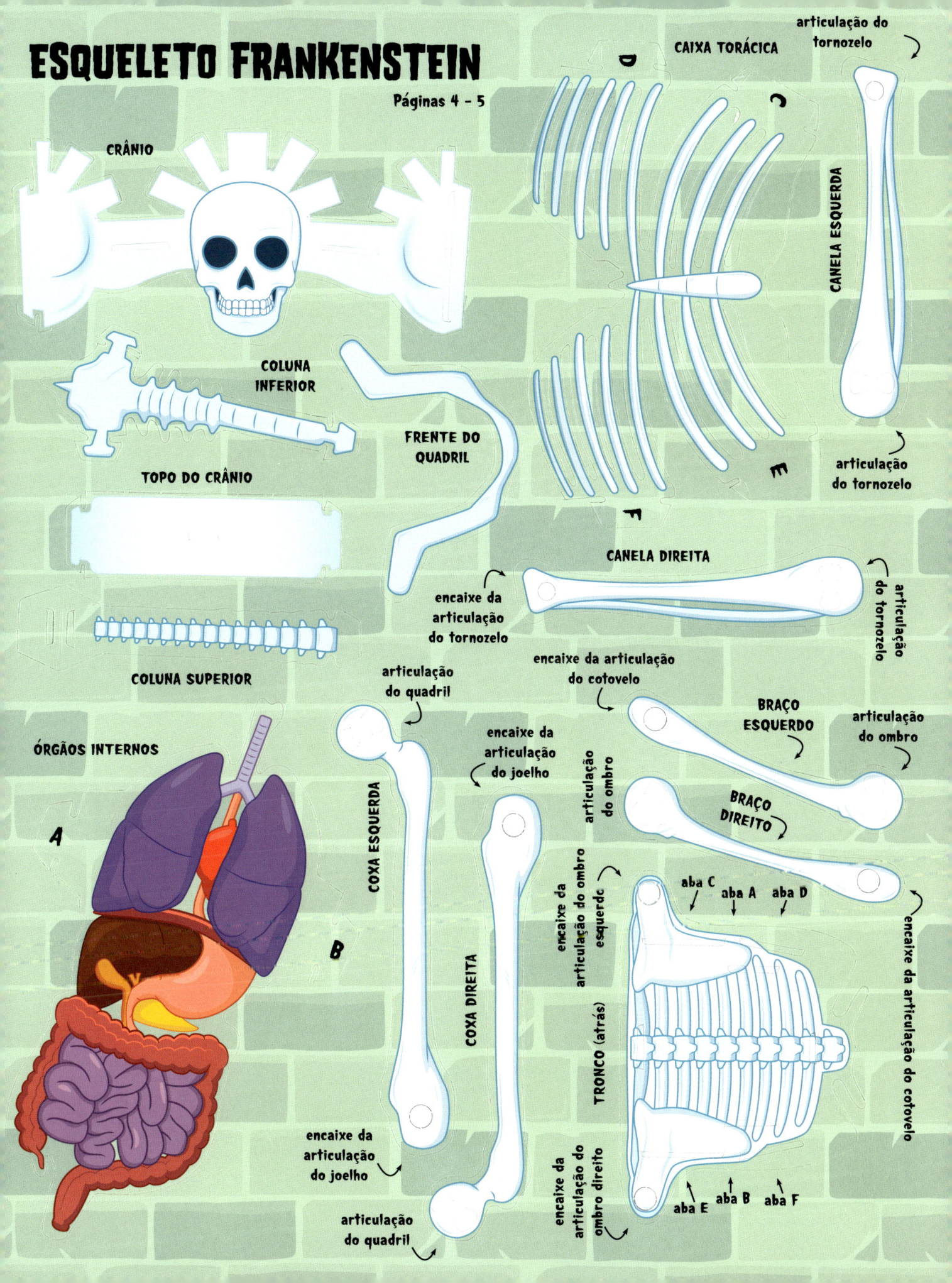

Páginas 4 – 5

CAIXA TORÁCICA

CRÂNIO

COLUNA INFERIOR

TOPO DO CRÂNIO

COLUNA SUPERIOR

ÓRGÃOS INTERNOS

A

B

FRENTE DO QUADRIL

articulação do tornozelo

CANELA ESQUERDA

articulação do tornozelo

CANELA DIREITA

encaixe da articulação do tornozelo

articulação do quadril

encaixe da articulação do joelho

COXA ESQUERDA

COXA DIREITA

encaixe da articulação do joelho

articulação do quadril

encaixe da articulação do cotovelo

articulação do ombro

BRAÇO ESQUERDO

BRAÇO DIREITO

articulação do tornozelo

articulação do ombro

encaixe da articulação do ombro esquerdo

encaixe da articulação do ombro direito

aba C   aba A   aba D

TRONCO (atrás)

encaixe da articulação do cotovelo

aba E   aba B   aba F

ESQUELETO FRANKENSTEIN

Páginas 4 - 5

PARTE DE TRÁS DO QUADRIL

encaixe da articulação direita do quadril

encaixe da articulação esquerda do quadril

MÃO DIREITA

MÃO ESQUERDA

ANTEBRAÇO DIREITO — encaixe da articulação do pulso

articulação do cotovelo

PÉ DIREITO

PÉ ESQUERDO

ANTEBRAÇO ESQUERDO — encaixe da articulação do pulso

articulação do cotovelo

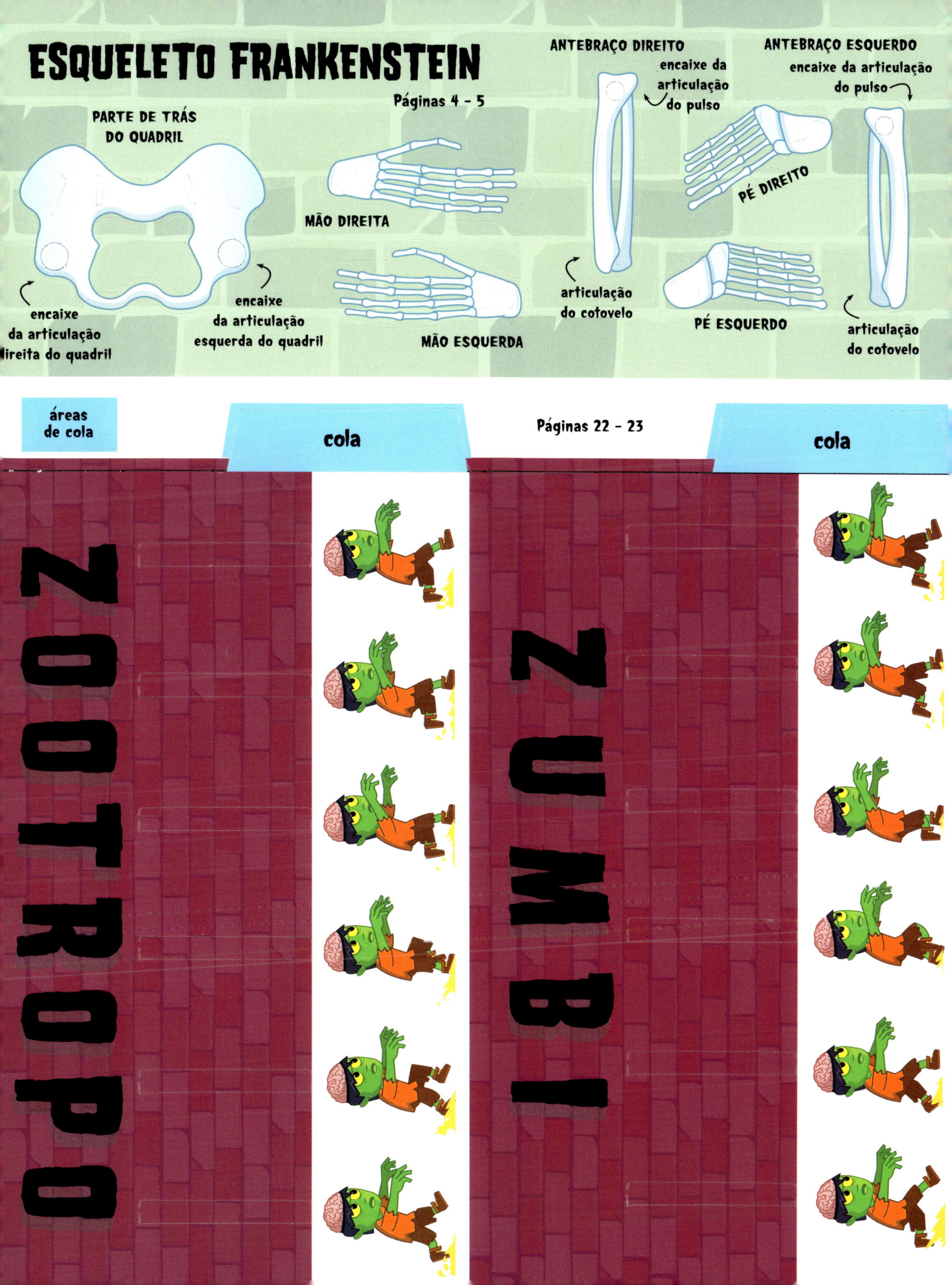

áreas de cola

cola

Páginas 22 - 23

cola

ZOOTROPO

ZUMBI

MÃO AMEAÇADORA

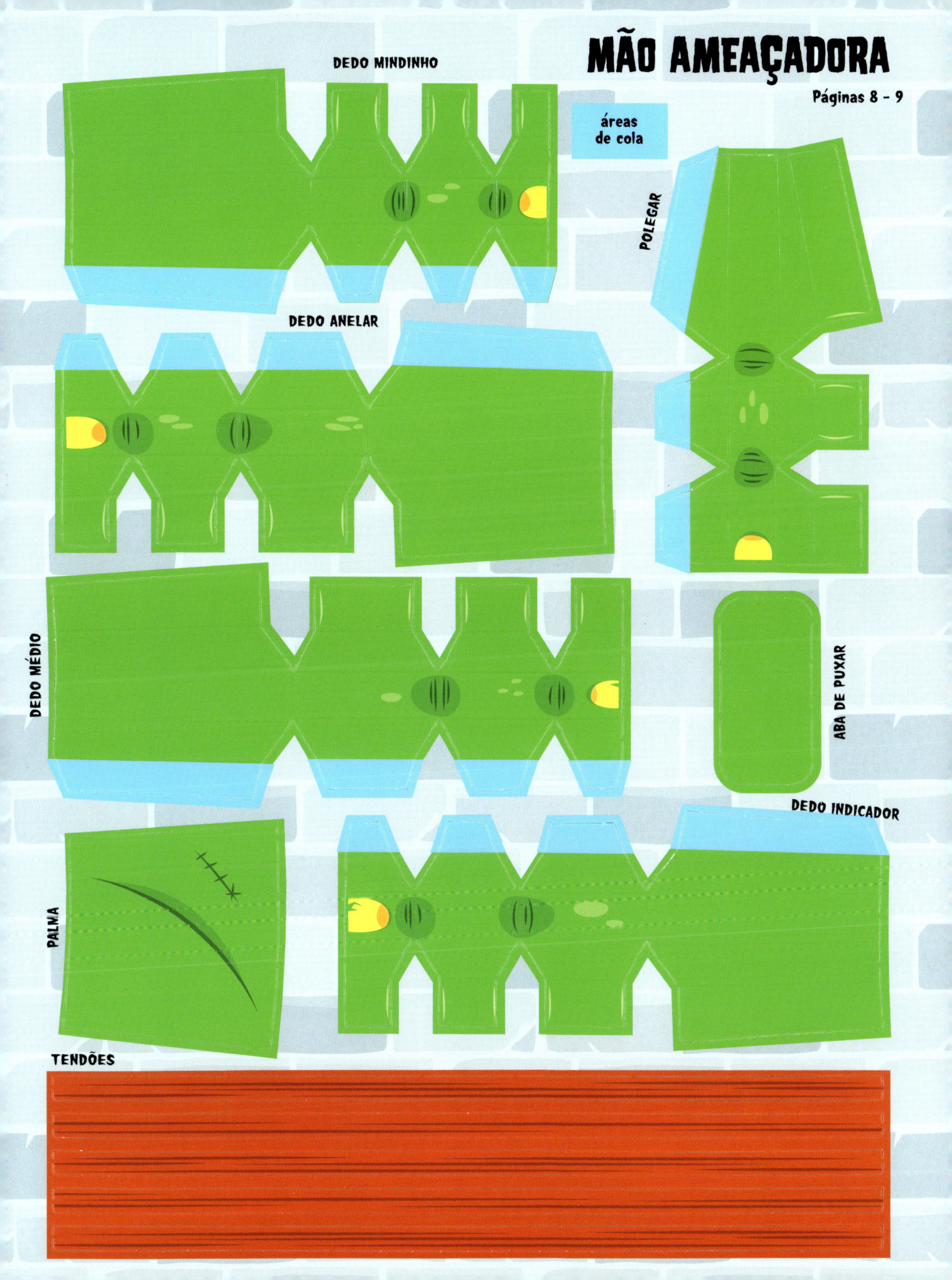

Páginas 8 – 9

áreas de cola

DEDO MINDINHO

POLEGAR

DEDO ANELAR

DEDO MÉDIO

ABA DE PUXAR

DEDO INDICADOR

PALMA

TENDÕES

MONSTRO TROMBETA

Páginas 14 – 15

PESCOÇO

CAIXA DA CABEÇA

PÉ

PARTE INFERIOR DA MANDÍBULA

PÉ

PARTE DE CIMA DO CORPO

BASE DO CORPO

ORELHAS

MONSTRO TROMBETA

Páginas 14 – 15

áreas de cola

FOLE

Canhão de anticorpos
Página 29

áreas de cola